Andreas Gensheimer

In der Stille
Gedichte und Gedanken

2. Überarbeitete Auflage 2022
© 2022 Andreas Gensheimer
Herstellung und Verlag:
BoD – Books on Demand, Norderstedt
ISBN: 9783756245796

Über den Autor

Andreas Gensheimer, wohnhaft in
Kaiserslautern ist Legastheniker
(Lese- und Rechtschreibstörung).
Dies hinderte Ihn aber nicht daran dieses
Buch zu schreiben. Im Gegenteil, er nutzte die
Stärken eines Legasthenikers: Gute Menschen-
kenntnis, Kreativität und unkonventionelles
Denken um seine Gedanken und Gedichte in
seiner eigenen speziellen Art zu schreiben.

Dieses Buch ist eine Gesamtausgabe seiner
bisher erschienen Texte.

Stille

Nur in absoluter Stille kann ich sie hören.
Die Gedanken, wie sie streiten, wettern
und miteinander ringen.

Sie kämpfen an, gegen den Lärm,
der in mir herrscht. Unermüdlich ist ihr
Drang sich bei mir Gehör zu verschaffen.

Doch nur in absoluter Stille kann ich
sie hören.
„Meine Gedanken"

Mich selbst verstehen!

Sternenstaub

Aus Sternenstaub bestehend, in das
Leben hinein geboren.
Von der Erde genährt, von der Sonne
gewärmt.

Bewacht vom Mond, geleitet von den
Sternen.

So ziehe ich meine Kreise, in der Gestalt
eines Menschen, auf meiner Reise.

Doch nur eine Winzigkeit, gemessen an
all der Zeit, ist hier mein Verbleib.
Denn dann löse ich mich auf, werde wie-
der zu dem was ich war.

Zu Sternenstaub, aus dem alles besteht.

Funken

Wäre die Welt um uns dunkel, ohne Licht,
würden wir die Funken sehen.

Ein Meer von Funken die, aus der tiefsten
Dunkelheit, empor zum Himmel steigen.

Funken, die aus Leid, Elend,
Hoffnung und Angst geboren wurden.

Funken, die eine Fackel suchen um zur
Flamme zu werden.

Eine Flamme, deren Licht die Dunkelheit
ihrer Herkunft erhellt, ihren Geburtsort
preisgibt.

Doch wir leben in einer Helligkeit,
in einem gleißenden Licht,

worin der suchende Funke,
oft ungesehen, erlischt.

Dämpfe dein Licht, halt die Fackel bereit.

Und hat ein Funke sie entfacht, dann halt
sie hoch mit aller Kraft.

Bringe Licht in sein Entstehen,
damit jeder es kann sehen.

Blind

Du warst die Brücke über meinen Abgrün-
den, gabst mir halt und Sicherheit.

Doch ich sah´s nicht, doch ich sah´s nicht

Du warst mein Tunnel hinauf zum Licht,
mein Lotse in der Dunkelheit.

Doch ich sah´s nicht, doch ich sah´s nicht

Du reichtest mir deine Hände, immer zu.
Ich zog mich daran hinauf und dich hinab.

Doch ich sah´s nicht, doch ich sah´s nicht

Du gabst mir Wärme und Geborgenheit.
Ich saugte sie in mich hinein,
aus dir heraus.

Doch ich sah´s nicht, doch ich sah´s nicht
Du hattest Kraft für uns zwei, ich ließ dich
machen, saß nur dabei.

Doch ich sah´s nicht, doch ich sah´s nicht

Du fochtest meine Kämpfe, warst meine
Rüstung. Ließ dich gewähren,
hielt mich zurück.

Doch ich sah´s nicht, doch ich sah´s nicht

Du tatst alles für mich, warst selbstlos.
Gabst dein Leben für die Liebe zu mir.

Doch ich sah´s nicht, doch ich sah´s nicht

Du bist nicht mehr, dein Platz ist leer.
Was ich sehe, ist die Blindheit von mir.

Doch ich sah´s zu spät,
doch ich sah´s zu spät.

Du bist so schön, so schön, für mich!

Doch keiner kann verstehen, dass wir
zusammen gehen.
Sie bestaunen nur Fassaden, tun sich in
Oberflächen baden.

Keine Zeit um kurz zu verharren.
Deine Ausstrahlung sie nicht
wahrzunehmen um auch nur im Ansatz,
sie zu empfinden.

Du bist so schön, so schön, mein Kolibri!

Mein Puls, im Takt, mit Deinem Schlägt.
Denn nur so kann man
Deine Schönheit sehen.

Ganz still, mit Dir, in der Luft stehend, sie
uns können sehen.

Unseren Liebestanz, ihr Geist,
nicht fassen kann,

ihr Blick, ihn nie erhaschen wird.

Du bist so schön, so schön, für mich!

Den Nektar den wir trinken,
sie als schal empfinden.

Den Zauber um uns, sie nicht erkennen.
Unseren wilden Liebesflug,
als Absturz deuten.

Du bist so schön, so schön!
Und keiner, außer mir, kann es sehen.

Leben

In einem dunklen Eck hinter Hecken
versteckt, dort hatte ich ihn entdeckt.

Wie er dort hin kam und es geschafft hat
zu überleben, bleibt ewig ein Rätsel.
Auch dass mein Blick auf ihn fiel, grenzt
fast an ein Wunder.
Denn Langeweile war der Grund, dass
ich in diesen Winkel starrte.

Mit hängenden Kopf und gekrümmter Hal-
tung, ganz dürr und blass, trotzte er sei-
nem Umfeld das Leben ab.

Behutsam nahmen ihn meine Hände auf.
Geschwinde Beine trugen ihn
nach Haus.
Die Angst, er könnte es nicht schaffen,
trieb mir Tränen in die Augen.

Schnell in ein Notbett hatte ich ihn
gepackt um vorzubereiten

seinen endgültigen Platz.

Warm und hell soll er es haben und an
Nahrung darf kein Mangel
mehr herrschen.

Mit Liebe will ich ihn umsorgen und mit
heißem Atem,
Worte der Zuneigung sagen.

Sonne und Wind soll er spüren, sich
schnell erholen, daran erstarken.

Vor Eis und Sturm will ich ihn bewahren,
solange ich kann, so lange er lebt.

All das werde ich tun, nie und nimmer
ruhen.
„Mein kleiner Keimling"

Hey Schatz!

Hey Schatz, soll Dir mein Herz
darreichen, es auf einem
Tablett servieren!

Doch wie soll ich ohne überleben? Mein
Körper wäre kalt und starr,
einer Leiche gleich.

Hey Schatz, du willst einen Platz in
meinem Herzen, darin sein, ganz allein.

Mein Blut müsste dafür weichen, das
Herz aufhören zu pumpen. Es würde
erstarren, wäre hart wie Stein

Hey Schatz, soll Dir Wärme schenken,
willst darin baden,
Dich an der Hitze laben.

Ich würde abkühlen, anfangen zu frieren.
Kälte ausstrahlen, allmählich erlahmen.

Hey Schatz, meine Gedanken, meine
Gefühle, die willst Du erfahren.
Kein Geheimnis soll ich vor Dir haben.

Mein „Ich" würde zerfallen, meine Seele
verkümmern. Eine geistlose Hülle,
langweilig und leer.

Ohne geheimes, freie Gedanken.
ich würde verkümmern,
in Stumpfsinn verfallen.

Hey Schatz, Du willst mich besitzen, soll
Dir gehören, Dir ganz allein.

Doch wie soll ich leben,
der Freiheit beraubt.
Mein welken wäre mehr,
als du ertragen könntest.

Die Wurzeln, tief in der Gesellschaft
verankert, wären gekappt. Ich würde
fallen, uns beide erschlagen.

Hey Schatz, Liebe willst Du erfahren,
meine Liebe soll es sein.

Die Liebe zu dir, die forderst Du von mir.

Das macht mich traurig, bereitet mir
Schmerzen. Soll Dir was geben,
das ich nicht kenne.

Müsste dir sagen, dass ich keine habe,
dass nichts in mir ist,
was Du Liebe nennst.

Mir dessen bewusst, dass ich vom
Leben, um sie, wurde betrogen, hätte ich
mich, von dir, zurück gezogen.

Hey Schatz, Du bist zu wertvoll für mich!

Wüsste Dich nie richtig zu schätzen.
Dein Glanz würde verblassen,
in meinem Schatten.

Wäre Dir nie, ein guter Hüter.

Durch meine Finger rinnend, wie Sand,
wärst Du schnell verloren.

Hey Schatz, es kann nicht sein!

Im freien Fall

Bin im freiem Fall, obwohl ich fest auf
dem Boden stehe.

Meine Gefühle stürzen ungebremst, in ein
Loch, dessen Ende keiner kennt.

Du warst der Urknall in meinen Hirn,
dessen Echo nie verhallt.

Wir waren nie verliebt, nur voneinander
besessen.

Keiner ließ den Anderen gehen, doch
zusammen konnten wir keinen
Weg beschreiten .

Jahrelang haben wir uns magnetisiert,
Pol an Pol, abgestoßen und angezogen.

Ein Band, ganz sacht geknüpft, von
einem zum andern. Zerstört von unserem
heftigem Verlangen.

Heiße Begierde, schnell abgekühlt,
kalter Alltag, lauwarm serviert.

Wir haben uns gehasst, uns innig geliebt.
Immer extrem, immer für Tage.

Eine gerade Linie war nie zu erkennen.
Unsere Beziehung, so lang,
hat nie existiert.

Doch wahr geworden ist mein Wunsch,
die größte Angst hat sich erfüllt.

Es ist vorbei und keiner weiß warum. So
plötzlich wie es kam so unverhofft ist es
verschwunden.

So falle ich, immer tiefer, während meine
Seele flüstert.
Etwas erzählt von „Endlich Ruhe"

Und ich tue was ich muss. Ziehe die
Leine, bremse ab den Fall.

Und egal wo ich auch lande, wohin es
mich verschlägt.
Nur ein Wort geschrieben steht.

Anfang!
Er folgt auf jedes Ende.

Magie

Die Wohnung erscheint so leer.
Stille, wo ist das Leben von gestern hin?
So kühl und farblos sie mir vorkommt.
Ist das mein Heim?

Ich hätte nicht hingehen sollen!
Wusste doch, dass Sie kommt.
Doch nie und nimmer hätte ich vermutet,
dass die Vergangenheit mich dort
erwartet.

Gehe auf und ab, kann nicht abschalten.
Was ist anders, lässt mich nicht
entspannen. Wo ist das Lachen von
gestern hin?

Hatte ich Dich geliebt? Ich kann's nicht
sagen. Dein Blick, Dein „Hallo" hat die
Jahre zerschlagen.

Verzaubert, fasziniert, hast Du mich vor
zwanzig Jahren.

Diese Magie so jung und frisch
hat mich, aufs neue, voll getroffen.
Die Steine, sie bröckeln,
die Brücke, sie wankt.

Mein sicherer Weg, nie wirklich bestand.
Die Augen meiner Träume haben ihren
Status verloren.
Unbekannte Traumaugen,
ich kann euch benennen.

Dass es mir gut ginge, könne man sehen.
Es sie sehr gefreut hat mich mal wieder
zu sehen. Mein „Gut gehen", gab's
plötzlich nicht mehr!

Wo war der Sinn, den ich dachte zu
besitzen? Mit ihrem Lachen ist er, aus
meinem Leben, verschwunden.

Ich hätte nicht hingehen sollen!
Wusste doch, dass Sie kommt.

Mein Leben, mein Glaube, die Lüge,

der Sinn. Zertrümmert von der Magie eines einzigen Moments.

Ich hätte nicht hingehen sollen!

Nur noch träumen

Soll alles verstehen, doch ich will nicht
mehr. Denken immerzu, doch ich
brauche ruh. Mit Wissen mich füttern,
doch der Kopf ist voll. Gefühle empfinden,
doch ich spüre nichts mehr.

Schlepp´ herum
den Zauber des Versteckens.
Halte zur Abwehr hoch den Schild.
Mit Abscheu ich die Maske ertrage.
Nur irrer Wille noch aufrecht mich hält.

Sehne herbei den Punkt, will verschwin-
den. Raus aus den Blicken, dem Licht.
Abwerfen die starre Rüstung. Kriechend
fliehen, zurück in die Nacht

Schlepp´ herum
den Zauber des Versteckens.
Halte zur Abwehr hoch den Schild.
Mit Abscheu ich die Maske ertrage.

Nur irrer Wille noch aufrecht mich hält.

Innen klein, mit begrenzter Kraft. Dünne
Haut, leicht durch gescheuert.
So bin ich wirklich, mich keiner sieht.
Doch wo kann ich so sein?
"Wo kann ich sein?"

Schlepp´ herum
den Zauber des Versteckens.
Halte zur Abwehr hoch den Schild
Mit Abscheu ich die Maske ertrage.

Nur irrer Wille noch aufrecht mich hält.

Will nichts verstehen, geniales denken.
Nichts mehr wissen, nichts empfinden.
Einfach „Wie tot", das wäre schön. Nur
noch träumen, nichts mehr sehen.
Das wäre schön, so schön!

Schlepp´ herum,
den Zauber des Versteckens.
Halte zur Abwehr hoch den Schild.

Mit Abscheu ich die Maske ertrage.

Nur irrer Wille noch aufrecht mich hält.

Der Drache

Er ist erwacht! Nach Jahrhunderten fühlt
er seinen Körper erstmals wieder.
Die Ketten, die ihn hielten,
sind der Zeit zum Opfer gefallen.
Die zurückkehrende Kraft lässt seinen
Körper erzittern.

Die Enge seines Verlieses wirkt
erdrückend und hemmt seine neu
gewonnene Energie.
Doch dafür hat er nur ein kurzes
Brüllen übrig!
Denn nichts kann ihn jetzt noch aufhalten.

Ein kurzer Kraftausbruch und die
Mauern sind gesprengt.

Ein Schwall frischer Luft hüllt ihn ein.
Tränen, von der Erinnerung genährt, ver-
schleiern seinen Blick.

Ein paar Schritte, die Flügel ausbreitend,

hebt er ab, der Freiheit entgegen.
Der Drache, er fliegt wieder!
So wie es einmal war und
für immer sein soll.

Worte

Reden, immerzu reden!
Worte willst du hören, die Dir die Liebe
kundtun. Streicheleinheiten für dein Ego.

Doch will ich nicht aussprechen, meine
Gefühle, das was ich in mir spüre.

Keine Wörter suchen, neue kreieren oder
vorhandene verwenden.

Etwas sagen, umhüllt von Mundgeruch,
tausendfach benutzt, ausgelutscht.
Versprechen unmögliches,
nur weil es gut klingt.

Ich kann nicht bringen zu Gehör, das nur
empfunden werden kann.
Denn ein Gefühl lässt sich mit Logik
nicht verstehen.

Schau nicht auf den Mund, schalt ab den
Verstand.

Spüre die Berührung und lese
in den Augen, achte auf das Lachen.

Traue nicht den Worten, baue auf die
Taten. Fühle die Nähe, gib acht auf die
Körpersprache!

So, nur so, wirst du die Liebe erkennen.

Hand

Von Falten durchzogen, mit Altersflecken
bedeckt, verblasste Narben,
gegerbte Haut

Die Knöchel verdickt, verkümmerte
Muskeln. Gekrümmte Haltung,
mit Steifheit belegt.

Die Leitung ist gestört, nur noch
Schmerzen durchkommen,
ihr Vorhandensein kundtun.

Oh, was hat sie nicht alles erlebt!
Sie hat gerichtet, geliebt, viele Tränen
abgewischt.

Gehalten, losgelassen und Abschied
genommen. Erforscht, dunkles erhellt,
sich so oft verbrannt.

Abgewehrt, beschützt, viele Schläge
genommen.

Gefühle vermittelt,
gelobt und getröstet.

Mein Leben ertastet in vorderster Front.
Hast mir gedient so lange du konntest.

Doch nun kannst du ruhen
mein alter Freund.

Was jetzt noch kommt
müssen andere tun.

Kinderheim

Waren sie nicht toll, die 50ziger bis
70ziger Jahre. Die neue Demokratie, der
Aufbau, alles geht voran.

Ach, alles soll so schön, so sauber, so
ruhig und gesittet abgehen.
Wären da nicht die jungen Störenfriede,
die dieses Bild verschandeln.

Unsere neu gewonnene Tugend mit ihrem
Dasein, ihrem Handeln,
ins wanken bringen.

Entfernt werden, ja das müssen sie. Denn
sie Passen einfach nicht in unsere
schöne Gesellschaft.

Schnell eingerichtete Heime, mit
kirchlichen und staatlichen Trägern, sollen
dieses Übel richten.

Lange Haare, anderes Verhalten,

Schule schwänzen, einen Apfel klauen.
Wer das macht, ist unangepasst.

Auch reicht es, einfach, zu denunzieren,
um zu entfernen ein störendes Kind.

Und schon kommt das Jugendamt,
ausgestattet mit allen Rechten, raubt es
die Kinder, reißt sie heraus,
aus ihrem Zuhause.

Schnell verfrachtet, ab in die Heime. Dort
wird die Kirche sie schon richten. Sie
unbarmherzig formen,
so wie der Staat es will.

Gewalt und Unrecht dort nur herrschte.
Die Willkür war der Dirigent.

Mit Zwangsarbeit gedrillt,
mit Schlägen geformt.
Gequält und Vergewaltigt, das Los mach
eines Kindes war.

Den Willen gebrochen, die Psyche
zerstört. So wurden sie wieder in die
Gesellschaft entlassen, von Staat und
Kirche, zum Wrack saniert.

Hunderte von Kinderseelen wurden
zerstört, keiner wollte es wissen,
von niemanden gehört.

Bis heute tragen sie, die es überlebten,
die Narben. Jahrzehnte lang verhöhnt,
nie Gerechtigkeit erfahren.

Ja, das waren sie auch, die schönen,
50ziger bis 70ziger Jahre!

Tränensee

Ich träumte, ich wäre dein Tränensee!

Und wenn Schmerz dich heimsucht oder
pures Glück dich überkommt.

Dann würde ich, aus mir, eine Träne
bilden und sie auf die Reise schicken.

Deinen Blick verschleiernd, im Auge
schwimmend, dort kurz verweilen.

Aus dem Augenwinkel heraus, ich dann
an Lachfältchen vorbei, die Wange
hinab fließe.

Schräg am Kinn entlang, eine silberne
Spur hinterlassend, bis zu dessen Spitze,
ich mich wage und dort verharre.

Mich dort vorbereite für den letzten Akt.
Den Fall in die Tiefe.

Um auf deiner Brust, in tausend kleine
Spritzer, zu zerplatzen.

Deine Haut, mit mir, benetze.

Wo ich dann, als kleine Salzkristalle,
in deinem Lichtstrahl, schimmern kann.

Frauenhaus

40.000 von wie vielen,
haben es geschafft.
Sind entkommen der häuslichen Gewalt.

Bei Nacht und Nebel, heimlich aus dem
„Zuhause" geschlichen.
Die Angst im Nacken, sind sie ins Frauen-
haus geflohen.

Haben oft Jahrelang ertragen, Schmerz
und Pein. Das Heim die Hölle,
der Partner ihr Folterknecht.

Die Körper zerschlagen, die Seele
zerrissen.

So kommen sie an, am Haus der
Hoffnung. Die letzte Bastion gegen
Männergewalt.

Geblieben ist Ihnen, oft nur mit Glück,
das Leben.

Aus einer Gesellschaft geflohen, die bei
Gewalt weg schaut, sie oft noch deckt.

Nun versteckt, beschützt, zu Atem
kommend, müssen sie versuchen,
in drei Monaten, alles zu verarbeiten und
neu zu beginnen.

Denn dann müssen sie wieder raus,
aus dem Frauenhaus.
Aufs neue sich stellen, der Gewalt, die ihr
Umfeld beherrschte.

Und wer das nicht schafft, in der kurzen
Zeit, fällt ungebremst zurück,
in die zerstörende Zeit.

Wo niemand hört, wenn sie schreit!

Dein Lachen

Dein Lachen, wenn es erschallt, so rein und klar, mich verzaubert, Freude in mein Leben bringt.

Vergessen ist alles um mich herum, nur noch sein Klang in mir vibriert.

Er zertrümmert alle Barrikaden, vertreibt den Nebel mit seiner Kraft. Platz für Wärme in mir schafft.

Lässt meine Augen wieder glänzen, von der Starre befreit, ist das Gesicht. Ganz weich meine Züge werden, ein Lächeln sich darauf nieder lässt.

Dein Lachen, dein Geschenk an mich. Will es tausendmal annehmen, nie und nimmer missen, ewig denken an dich.

Und wäre ich taub, so könnte ich es trotzdem vernehmen.

Dein Lachen, ich kann es in Deinen
Augen sehen, es mich ganz und gar
durchdringt

So denn, das Ende bei mir naht, nur ein
Wunsch ich noch hätte.

Dich noch einmal Lachen hören, dir ein-
fach in die Augen sehen.

Spät

Hab mir Liebe gewünscht, doch
wurde nur versorgt.

Nähe gesucht, in mein Zimmer verbannt.

Lob erhofft, keine Beachtung gefunden.

Früh, als Erwachsen befunden, ins Leben
entlassen. Ohne Plan, schutzlos,
meinen Weg gesucht.

Habe die Ausrüstung für das Leben neu
geschmiedet, dabei Jahre verschenkt.

So bin ich spät angekommen in, diesem,
meinem Leben.

Kann erst jetzt schätzen, dieses
Geschenk.

Danken den Erzeugern!
Vergeben den Eltern!

Schmerz

Bin benebelt, wate wie durch Schleim.
Die Höhe der Dosis,
meinen Alltag reguliert.

Kein Leben, kein Tod, das dazwischen
regiert. Ein Vegetieren ohne Gefühle
"24 Stunden Aufwachraum."

Ein klarer Verstand, sich frei bewegen,
die Droge einfach nicht mehr nehmen.
Das wäre so schön!
Doch der Preis wären Schmerzen,
ein schreien, mein Wahn.

Nur einmal erwachen, mich
schmerzfrei erheben.
Nicht vollgedröhnt, einen Tag zu erleben.

Würde jede Sekunde, extrem ausleben.
Und am Ende des Tages,
mir das Leben nehmen.

In der Nacht

In der Nacht kann ich die „Stille" hören.
Laut und klar kann ich sie vernehmen.

Ein einzelner Klang, total unbekannt,
mich gefangen nimmt.

Die Stimmen der Stille, ihre Vielfalt hat
mich überrascht.

In ihr, der Stille, herrscht ein lautes
wettern um Gehör.

In der Nacht, wenn der Blinde lacht, hat
mein Gehör eine neue Welt entdeckt.

Eine Welt voll unbekannter Wesen, deren
Laute mich verhöhnen, meine Ängste
nähren und mich frösteln lassen.

Sehne herbei den Morgen, der die Stille
vertreibt, ihren Lärm beendet.

Sie zum Schweigen bringt und mich tief
durchatmen lässt.

Am Tag kann ich die „Stille"
nicht mehr hören.

Molekül

Das Universum, so groß, uns unendlich
erscheint.

Ist doch nur ein Molekül, von einem
Sandkorn, einer anderen Welt

Wer soll es verstehen?
Dazu sind wir viel zu klein.

Um alles zu erkennen, das Ganze zu
sehen, unser Verstand nicht ausreicht.

Entferne dich nicht zu weit von den
einfachen Pfaden.

Hege und pflege das was wir verstehen,
wie einen Garten

Um dich herum, das Leben, so einfach
und klar.

Nicht zu viel, um daran zu verzweifeln,

aber genug für alle Zeit.

Zeit um zu sehen, kleine Wege die wir
verstehen

Mein Freund

Ich schenke dir ein Lachen.
Auch ein freundliches Wort,
in schweren Zeiten, will ich dir geben.

Will nicht auf mein Recht beharren.
Dir meine Hände reichen,
mit Wärme dich umhüllen.

Wann immer du es brauchst!

Am Morgen

Wenn morgens ich mich im Bett hoch
quäle, mich frage nur: „Warum?"

Der Körper wiegt schwer, verschleierter
Blick, verwirrte Gedanken, kein Bock
aufzustehen.

Nicht fähig, die Augen zu öffnen, tastend
ich die Zigarette suche und grundlos
fluche.

Mühsam durch den Raum mich schleppe,
erst beim dritten Versuch den Knopf, der
Maschine, ich treffe.

Schmerzende Geräusche, zermahlende
Bohnen, brauner Stoff, die erste
Belohnung.

Der Blick, gerichtet ins Leere, warte ich
darauf, dass ich es raffe, ich es endlich
verstehe, was auch immer es ist.

Und nach einer gewissen Zeit,
gemessen in Tassen, ich langsam,
ganz langsam kapiere,
den Tag akzeptiere.

Das „Warum" realisiere!

Vater

Am Randstein kniend, blickt er auf den
Mann.

Der immer wieder versucht seine
umgestürzte Maschine aufzurichten.

Lallend fordert er den Jungen auf ihm zu
helfen, schreit ihn an.

Doch der Junge ist erstarrt und nichts
dringt mehr zu ihm durch.

Angst, Entsetzen, gelähmt.
Panik, ihn total beherrscht.

Zeitlos, scheinbar ohne Ende, dieses
Schauspiel ist.

Zwei packende Hände,
gemurmelte Worte.
Entfernt, wird der Junge von diesem Ort.

Das Geschehen, es geht weiter, wurde
nur aus dem Blick des Jungen verbannt!

Doch es hatte sich schon für immer
eingebrannt, das Bild,
im Gedächtnis des Jungen.

Ein Brandmal für ewig!

Kugel

Mein Leben dem einer Flipperkugel glich.

Planlos Abgeschossen, hinein
in das Spiel.
Dort wild herum gestoßen.
Meine Bahn, gelenkt durch den Zufall.
Angetrieben durch viele.

Verzweifelt den Ausgang gesucht, den
Weg, heraus aus dem Spiel.

Mit Hoffnung, noch einmal alle Kraft
gesammelt, das Glas mit einem Schlag
durchbrochen.
„Dem Spiel, für immer, entflohen"

Nun kann ich laufen in normalen Bahnen.
Werde nicht mehr wahllos,
„Umher geschossen".

Ohne sie!

Ohne sie, ch untergehe
Ohne sie, nicht aufrecht geh
Ohne sie, keinen halt ich habe
Ohne sie, ich einsam bin
Ohne sie, keinen Schlaf ich finde

Sie, keiner kennt
Sie, von niemand gesehen
Sie, die Heimlichkeit liebt
Sie, mich immer umgibt
Sie, sehr leicht süchtig macht

Sie, meine unsichtbare Krücke!

Ende

Höre die Worte, verstehe sie aber nicht.

Sehe ein Gesicht, erkenne es nicht.

Spüre eine Nähe die mich nicht
mehr wärmt.

Fühle eine Berührung, empfinde dabei
wenig.

*Wo Liebe herrschte, regiert das
„Nichts"*

Manchmal

Und manchmal, du glaubst es kaum.

Dir etwas begegnet, dich gefangen
nimmt, total fasziniert.

Lässt verblassen den Alltag, reißt dich
heraus aus dem Grau des Moments.

Es ein Feuer in Dir entfacht, eine Hitze
erzeugt, die Dich stöhnen lässt.

Dein Körper hält inne, gelähmt, vom
Gefühl des Glücks.

Kurz verharrend, sich daran gewärmt,
Du dann beseelt weiter gehst.
„Manchmal"

Menge

Ich hasse das Gedränge!
Im freien Raum umzingelt zu sein.

Eine Wand im Rücken,
mir da schon helfen kann.

Auch um mich herum, ein Abstand
sein muss.

Ein Platz, abseits der Menge,
befreit von der Enge.
Dort fühle ich mich wohl, da bin ich frei.

Nicht isoliert, nur am Rand
ich mich bewege.

Denn dort verlaufen meine Wege.

Drei Tränen

Du bist gegangen, für immer. Wortlos
hast du den Raum verlassen.

Nichts von Dir ist mehr da, außer den
Tränen, die Du mir zum Abschied
hinterlassen hast.

Drei Tränen auf meiner Brust.
Sie haben mich schwer getroffen.
Wie Geschosse drangen sie mitten
in mein Herz.

Die Tränen, sie werden schnell trocknen,
nicht mehr zu sehen sein.
Doch in mir, werden sie ewig brennen.

Warum ist es so weit gekommen?
Warum ließ ich es geschehen?

Nur ein paar Worte!
Worte, die in meinem Herzen waren, ich
aber nicht aussprechen konnte.

Stolz!
Mein falscher Stolz hat sie unterdrückt,
mich schweigen lassen.

Nun bist du fort!
Der Raum um mich ist leer und dunkel.

Bis auf das leichte Glitzern, der drei
Tränen, auf meiner Brust.

Sonne

Bin gefangen in milchigem Weiß, trotz
Kälte, läuft mir der Schweiß.
Wohin ich mich auch wende, wohin ich
auch geh, ich kann nichts erkennen, nur
schemenhaft, ist die Welt die ich sehe.

Oh Sonne, komm und hol mich hier raus.
Löse den Nebel rings um mich auf. Gib
mir Wärme, Wärme und Licht, damit das
Düstere um mich erlischt.

Höre Geräusche, dumpf und hohl. In mir
die Panik, nur die fühlt sich wohl. Fange
an zu schreien zu toben und fluchen.
Höre auf, gezielt, nach einem Ausweg zu
suchen.

Oh Sonne, komm und hol mich hier raus.
Löse den Nebel rings um mich auf. Gib
mir Wärme, Wärme und Licht, damit das
Düstere um mich erlischt.

Sacke zusammen, krümme mich am
Boden, ergebe mich den Geistern,
die um mich toben.

Von Kälte, Nässe und Düsterkeit
umgeben, glimmt nur ganz schwach ein
Funken von Leben. Er wartet und hofft
auf eine Kraft, die all dem ein
Ende macht.

Oh Sonne, komm und hol mich hier raus.
Löse den Nebel rings um mich auf. Gib
mir Wärme, Wärme und Licht, damit das
Düstere um mich erlischt.

Gift

Habe es genommen, erst ahnungslos, so
zum Testen, wollte einfach mal die
Wirkung erfahren.
Dann bewusst, so viel ich vertragen
konnte, sehr gerne, ohne Reue,
die Folgen getragen

Zuerst hat es Freude gebracht, meinen
Geist beflügelt, die Zunge gelöst.
War so stark, alle Ängste
waren verflogen.

Doch um diese Gefühle zu halten, weiter
zu erleben, immer mehr davon ich
nehmen musste.

Doch mit der Zeit, der Applaus verhallte,
der Zuspruch schwand. Sehr oft,
allein ich mich fand.
Von innen heraus, es mich verzehrte.
Eine geistlose Hülle, dem Ende
zu treibend.

Doch dann kam ein lichter Moment, zur rechten Zeit, ein Schlag ins Gesicht, der den Nebel durchbrach.

Den Willen geweckt, einen Sinn zu sehen, dem Gift zu entsagen,
das Leben bejahen.

Den Kampf anzunehmen, mir selbst vergeben, die Lage verstehen,
neue Wege gehen

Mit Unterstützung und Ausdauer, mich langsam aufgerichtet, gerade stehen, eine Zukunft sehen.

Schleuse

Um meine Augen ein Graben liegt. Gefüllt
mit Tränen, randvoll und klar.
Eine Schleuse die Verbindung ist.
Soll regulieren, zum Ausdruck bringen.
Meine Schmerzen, mein Leid,
mir Linderung schenken.

Doch mein Leben, die Zeit, hat diese
Verbindung beschädigt.
Beim Tod meines Vaters
blieb sie geschlossen.
Keine Tränen. hab ich vergossen!

Auch das Leid im Umfeld konnte sie nicht
bewegen. Sie trotzte jeder Pein, mit
Starre, wie gemauerter Stein.

Bei "Titanic" da flossen die Tränen. Sie
sprang auf und wollte nicht mehr
dämmen, den Strom von Tränen, der aus
dem Graben schoss.

Ist mein Leben nicht real, fiktive
Traurigkeit, sich der Graben leert.
Doch trifft mich voll der Seelenpein, keine
Träne mein Auge trübt.

Ich muss zurück zu Kindertagen. Den
Punkt finden, an dem sie anfing,
zu versagen.

Will mit aller Energie die Schleuse
wieder richten. Und mit Hilfe meine Seele,
den Gefühlen, eine Lösung suchen.

Damit sie sich öffnet zur rechten Zeit.
Ich mildern kann mit Tränen, die
schweren Zeiten meines Lebens.

Dunkelheit

Tief in meiner Brust etwas lauert,
geduckt, versteckt, im Gewebe es hockt.

Man kann es nicht finden, aufspüren,
unsichtbares da drinnen frohlockt.

Es wartet, es ruht, passt ab den Moment.
Um zu tun, wozu es geschaffen ist.

Ich weiß, kann ihm nicht entkommen,
denn seine Präsenz ist allmächtig.

Und mit keiner Kraft, kann ich hindern
sein Entfalten.

Und hat es sich einmal entschlossen,
kommt hoch gekrochen,
es nichts und niemand kann aufhalten.

Dann bleibt mir nur noch eins,
mich ihm hingeben.
Dem Gefühl der Trauer, dem Verlust!

Am Boden

Bin gefallen, mein Körper schmerzt.
Meine Hände nach Hilfe suchen, die
Seele laut ruft.

Doch in meiner Not, am Boden liegend,
ich noch Tritte kriege.

Vorbei laufen, Hohn und Spott.
Gleichgültigkeit mir die Hoffnung raubt.

Meine Blicke, suchen Menschen, die
meine Lage erkennen.

Sehe aber nur Gesichter die sich
hastig abwenden.
Erhoffe ich zu viel?

Eine helfende Hand, die mich stützt in
dem Bemühen, wieder aufzustehen.

Den Rest könnte ich alleine schaffen.
Meinen Weg, wieder weiter gehen.

Verletzt

Bin verletzt, habe mich geschnitten!
Mit dem Messer durch die Haut,
tief in das Fleisch hinein.

Es hat gebrannt, war aber noch
auszuhalten. Erst als ich spürte, wie das
Blut herunterlief, wagte ich es
hinzusehen.

Die Wunde selbst, sah ich nicht,
sie war mit Blut bedeckt.

Der Schmerz verging schnell, zurück
blieb nur ein leichtes Ziehen.

„Viel zu kurz war er gewesen,
der Schmerz!"

Doch nochmal schneiden das schaffe ich
heute nicht mehr. Denn die Angst davor
hat jetzt die Überhand.

Aber ich werde ich es wieder tun,
das ist gewiss! Denn dies ist meine Art,
mich zu strafen, mein Ventil.

Denn verarbeiten, die Vergangenheit, das
kann ich nicht.

Nur so, mit schneiden, den Druck kann
mildern, der in meinen Zellen herrscht.
Bevor mein Hirn den Schädel sprengt.

Kann einfach nicht durchbrechen diesen
Kreis, läuft automatisch ab, immerzu.

Bräuchte Hilfe, das ist mir längst klar.
Doch wem soll ich berichten,
kenne kaum noch Leute.

Bin ganz und gar
"In mich zurück gezogen."

Schaue auf meine Narben,
die vielen. Es werden immer mehr.
Doch habe sie gut verdeckt,

wird keiner sehen. "Keine Fragen!"
Und nach außen hin, ich stets, mit einem
Lächeln da stehe.

Herzblut

Aus meinem Samen entstanden

In Liebe gereift

Mit Freude erwartet

Unter Schmerzen geboren

Am Körper gewärmt

Mit Gefühlen gebadet

Verbunden auf ewig

Mein Kind, mein Herzblut

Du bist der Sinn meines Lebens!

Sinne

Sehe dich, auch in größter Dunkelheit,
wie du verträumt mit den
Sonnenstrahlen tanzt.

Nährst meine Hoffnung.

Höre, selbst im größten Lärm, deine
Stimme in mir.

Schenkst mir Ruhe.

Die Erinnerung an Deinen Geruch, ver-
drängt jeglichen Gestank
der mich umgibt.

Lässt mich frei atmen.

In der Kälte der Welt spüre ich deine
wärmende Nähe, überall und jederzeit.

Fühle mich nie alleine.

Die Ketten, meiner Ängste, zerfallen beim Klang deines Lachens.

Machst mich stark.

Wunden, erhaltene und von mir zuge-fügte, verlieren an Schwere.

Durch die Kraft deiner Liebe kann ich mir und anderen verzeihen.

Fühle Deine Güte, sie lässt mich innehalten, schärft meinen Blick.

Lässt mich sehen das Sandkorn, den Moment, im Irrsinn dieser Zeit.

Das Fenster

Sehe die Leute, einzeln, zu zweit oder in Gruppen, wie sie zielstrebig, planlos oder bummelnd dahin gehen.

Ein Pärchen, eng aneinander geschmiegt, scheinbar total verliebt, verfolge ich mit meinem Blick.
Wehmut kommt in mir auf!

Der Wunsch, es ihnen gleichtun zu können wird übermächtig. Doch ich bin allein, habe mich selbst isoliert.

Habe mein Leben reduziert auf das Fenster an dem ich sitze.
Den Blick gerichtet auf das Leben das daran vorbeizieht.

Haut

Fühle sie unter meinen Händen,
so weich und zart.

Kann sie riechen, so frisch und rein.

Schmecke sie mit der Zunge die sacht
und verspielt über sie hinweg gleitet.

Ein Gefühl, so undefinierbar, von dem ich
aber nicht genug bekommen kann.

Oh, ich liebe sie!
Diese Haut, die all meine Sinne
erregt, mich aus dem
Gleichgewicht bringt.

Die Kerze

Die Flamme, mal klein, mal groß,
flackernd oder still.

Wie mein Geist!

Der Docht, mal biegsam, mal starr.

Wie mein Rückgrat!

Das Wachs, mal flüssig, mal fest.

Wie mein Blut!

Die Kerze, einmal angezündet,
sie brennt, bis das Wachs versiegt,
der Docht bricht oder jemand,
ihr die Flamme löscht.

Fundament

Lebe in einem Haus, ohne Fundament,
das keine Freude kennt.

All meine Kraft und Energie fließt in den
Erhalt seiner Wände.

Sie zu stützen, die Schäden beheben,
füllt aus mein Leben.

In ihm gibt es keine Sicherheit, kein
ruhiger Schlaf. Immer in Gefahr, stets
zum Sprung bereit.

Doch dann kamst Du zu mir, standst
einfach vor meiner Tür.

Du brauchtest eine Pause, für eine weile,
ein neues Zuhause.

Doch ich schickte Dich fort, sagte nein,
lies dich nicht herein.

Denn ich kann dir nicht bieten ein Heim,
keine Sicherheit. Die Gefahr hier ist zu
groß, könnte nicht schützen Dein Leben.

Gegangen bist du ohne Wort.
Fort von diesem garstigen Ort.

Wut kommt in mir auf. Laut fange ich an
zu schreien.
Will mich endlich, von mir, befreien.

Schlag ein mit bloßen Händen, überall
Blut, auf schwankenden Wänden.

Trete hinaus ins Licht, im Rücken das
Haus, mein altes Leben,
zusammen bricht.

Laufen

Schritt um Schritt, Fuß vor Fuß.
Gedanken, schon verflogen,
kaum erdacht.

Kein Anfang und kein Ende, weder Licht
noch Dunkelheit.

Auch der Puls, er kennt kein Wechsel.
Schlägt stets im gleichen Takt.

Weder rechts noch links, nur geradeaus.
Starr den Blick, ins „Nichts" gerichtet.

Es gibt kein Gestern und kein Morgen!
Die Zeit, sie steht. Nur die Welt,
um mich, sich dreht.

Kein Halten, kein abbremsen.
360 Grad, im Kreis ich laufe.

Pflicht

Habe einen Traum.
Nicht mehr erwachen, dem Tag nicht in
die Augen schauen.

Zu sagen, „Es war genug!"
Einfach springen, vom fahrenden Zug.

Ein Gebet zu senden, an wen auch
immer. Er möge diesen Gang beenden.

Doch auch dieser Traum, er wird enden.
Es zieht das Leben, unerbittlich,
an meinen Händen.

Damit ich erfülle meine Pflicht.
Dich beschützen, zu führen ins Licht.

Der Fleck

Ein Fleck, prangt an der Wand.
Dunkelbraun, an den Rändern zackig,
nicht so groß, eher klein.

Kann den Blick nicht von ihm wenden,
muss ihn anstarren, immer wieder. Doch
gerne würde ich ihn verbannen, aus dem
Blick und aus dem Sinn.

Hänge ein Bild darüber, doch der Fleck ist
noch da, ich weiß, dass er da ist. Er lässt
mir einfach keine Ruhe.

Kann nicht mehr richtig schlafen.
Der Fleck, er geht mir nicht mehr aus
dem Kopf.

Überstreiche ihn, doch er ist immer noch
präsent, verfolgt mich.

Reiße die Tapete runter, aber nicht den
Fleck, er verschwindet nicht.

Kann nichts mehr essen, gehe nicht zur Arbeit. Sitze einfach nur noch da und schaue auf den Fleck.

Bin dem Wahnsinn nah, kann nicht mehr! Der Fleck, er hat es geschafft.

Ich werde es tun, mich stellen, das Geheimnis preisgeben, mein Gewissen erleichtern, egal was kommt.

Der Fleck, er ist weg!

Band

Kann dich nicht vergessen, füllst aus
mein Denken.
Hast mein Herz mitgenommen,
meine Seele ist leer.

Wohin ich auch geh, immer im Schatten
ich steh. Fort ist das Licht, die Wärme,
keine Sonne ich sehe.

Mein Gesicht eine Maske, die kein
Lachen aufbricht.
Mein Inneres ist leer, Tränen hab ich auch
keine mehr.

Der Schmerz ist konstant, friert mich ein,
bin wie aus Stein.
Mein Leben ist nur noch Schein.

Keine Gegenwart, keine Zukunft, das
Gestern regiert.

Dort ist mein Leben, meine Zeit, mit Dir

Trenne durch das Band, welches mich
hier noch hielt.

Nun bin ich frei, kann wieder eins
sein mit Dir

DU

Doch da kamst Du, ich verfiel Dir total.
Meine Seele brach auf und gebar
ein Gefühl.

Es war Liebe, eine Liebe, die ich so nie
habe erlebt.

Sie verband mich unlösbar mit Dir, gab
mir Kraft und einen eisernen Willen.

Den Willen, für dich da zu sein.
Mich zu ändern, nicht mehr nur nehmen,
sondern um Dir alles zu geben.

Den Sinn, den fand ich durch Dich. Um
mein Leben zu leben, Gefühle zu nähren,
dich damit wärmen.

Mein Ziel, das Band zu festigen, mit Liebe
und Verlass, so dass wir uns nie verlie-
ren, ewig in Achtung harmonieren.

Erinnerungen

Die Vergangenheit das Leben tötet,
wenn die Gedanken daran die
Gegenwart bestimmt.

Keine, auch noch so schöne, Erinnerung
kann Dir geben, was ein im "Jetzt" geleb-
ter Moment bewirkt.

Gefühle, ob schön oder nicht,
im Moment empfunden, sind wertvoller
als tausend Erinnerungen.

Viele Stunden erlebter Zweisamkeit,
geben Dir keinen Trost im Moment der
Einsamkeit.

Harre nicht zu lange an Vergangenem.
Denn das sind längst verlorene
Empfindungen.
Das Leben besteht aus einer Reihe auf-
einander folgenden Momenten,
die alle gelebt werden wollen.

Der Schornstein

Schon leicht geneigt hält er sich, mit ver-
siegender Kraft, auf dem Dachfirst fest.
Seine Spitze, zackig, nicht mehr ganz
intakt, ist mit Moos bedeckt.

Die einst, mit Mustern versehenen,
verputzten Seitenwände weisen Risse
und größere abgeplatzte Flächen auf.

Offene Wunden die das nackte Gestein,
schutzlos, der nagenden Zeit preisgeben.

Kein Rauch steigt aus ihm heraus.
Keine Wärme in ihm herrscht.
Kein Luftzug ihn durchzieht.

So harrt er aus, trotzt seinem Fall.
Im Blick, den Grund, sein Grab, wo schon
die Steine seiner Spitze, zertrümmert,
auf ihn warten.

Dort unten wo der Tod regiert.

Dort unten wo der Fall ihn zerschlägt.

Der Platz dort unten, gegen den er sich,
schon so lange, wehrt.

Ich kann, ich will

Ich kann gemein sein, dabei grinsen
Ich kann verletzen, mit Vorsatz
Ich kann Lügen, ohne Not
Ich kann töten, einfach so

Ich kann viel, doch will ich es auch?

Ich will geachtet werden, überall
Ich will geliebt werden, von vielen
Ich will reich sein, materiell
Ich will alles, aber schnell

Ich will viel, doch kann ich es auch?

Zu wissen was ich kann, die Folgen
zu kennen.
Zu hinterfragen was ich wirklich will, sich
darauf beschränken.

Beides kombiniert einen Weg darstellt.
Doch ob ich diesen gehen kann,
ihn gehen will?

Das weiß nicht der Wind,
sondern nur ich.

Aber nur, wenn ich mir diese
Frage auch stell!

Mein Kind

Aus der Bahn geschossen, in Wirrungen
getrieben, gelebt, nicht wissend warum.

Einen Lichtstrahl getroffen, ihm zögernd
gefolgt, dem Weg zur Quelle des Lichts.

Ging zurück, zum Ursprung, zum Sinn.
Hab endlich gefunden meine
Liebe, mein Kind.

Farbenspiel

Rot ist die Liebe
Rot ist das Blut

Braun ist der Hass
Braun ist der Kot

Schwarz ist der Tod
Schwarz ist das All

Gebeichtet

Gebeichtet hast du Gott.
Kniend, im Geheimen, dem Priester als
Übermittler, Deine Sünden dargebracht.

Mit dem Segen, dem Erlass, froh,
gleich Neue gemacht!

Keine Zeit

Die Zeit, sie rennt davon oder steht still.
Verfliegt oder zieht sich unendlich hin.
"Alles subjektiv!"

Die Zeit, erfunden vom Menschen um das
Leben zu bestimmen, einzusperren.

Das Leben braucht keine eingeteilte Zeit.
Es ist da um gelebt zu werden.
Kennt nur Anfang und Ende.

Und nach jedem Erwachen will es von
Neuem gelebt werden, immer wieder,
bis es endet.

Realist

Bin nur ein Realist, der weiß,
dass der Tod das Ende ist.

Darum kann ich keine Geister sehen,
sowohl Werwolf und Vampir, haben kei-
nen Zugang, hier, bei mir.

Auch ist mir bewusst, dass es keine Göt-
ter gibt, die da Lenken mein Geschick.

Lebe schon eine lange Zeit. Habe viele
Tage überstanden und jeder neue Tag,
könnte auch das Ende bringen.

Doch wundert mich oft mein Handeln!
Denn wenn all das mir bewusst,
ich mich fürchte stets im Dunklen und in
der Not die Götter rufe.

Die Zukunft oft verplane und so manchen
Tag verschenke!

Liebe

Habe sehr spät, im Leben, die Bedeutung
von "Liebe" erfahren.

Etwas gerne geben, einfach selbstlos
sein! Es braucht dazu keine zwei, man
kann es auch allein.

Wenn ich ohne Gegenleistung,
still und unerkannt, etwas geben kann
und mich nichts davon je reut.

Ich das Liebe nenne.

Und wird mir Liebe dargebracht,
ich sie dankend annehme und
mit Freude weitergebe.

Umwandeln

Meisterwerke erdacht, in der
Realität verflacht.
Die Theorie ist genial, die Praxis fatal.

Zwischen Denken und Handeln
steht ein großer Berg
"Das Umwandeln".

Von 1000 Ideen werden wir nur
eine sehen.

Darum mach dir Gedanken und übe dich
im Handeln.

Dann wirst du es merken, auch wenn es
nicht immer passt.
Du wertvolle Erfahrungen machst

Spiel

Wenn das Leben nicht mehr als ein
Spielstein ist.

Wenn die Echos, der Schreie,
nicht mehr verhallen.

Wenn das Blut nicht mehr zum
trocknen kommt.

Wenn das Holz der Särge harzt.

Wenn der Tod zum Alltag wird.

*Dann hat sich ein Mensch
zum Gott erkoren!*

Die Zeit

Die Zeit, an Bedeutung verliert, weil
Deine Liebe regiert.

Die Kälte fluchtartig weicht, wenn Deine
Hand nach der meinen greift.

Die Einsamkeit liegt weit zurück, ersetzt
durch unser Glück.

Die Zukunft wünsche ich mir mit Dir!
Und falls es doch mal anders kommt, so
hatte ich die Zeit mit Dir.

Ein zeitloses Glück, auf ewig in meiner
Seele verankert, denn ein Stück meines
Lebens bin ich mit Dir, in Liebe,
gewandert.

Warum?

Warum hast Du mich nur so angeschaut?
Deinen Blick so tief in mich versenkt.

Mit Deinen braunen Augen, so verhei-
ßungsvoll, hast Du mich herausgeschleu-
dert aus dieser Welt.

Nun schwebe ich im Unbekannten, erbli-
cke wundersame Dinge. Doch sie sind so
fern so unerreichbar für mich.

Denn Du hast Dich abgewendet, den
Blick gelöst, von mir.

Nie wieder kann ich ganz sein „Im Hier"
Denn ein Teil von mir wird ewig träumen
von den Wundern die ich sah
und dem Blick von Dir.

Ich

Möchte Dir ohne Worte meine Gedanken,
die mich plagen, sagen.

Meine Gefühle Dir vermitteln. Durch die
Berührung sollst du erfahren, was ich für
Dich empfinde.

Will Dich mit meiner Liebe beschützen,
in dem ich sie Dir
bedingungslos hin gebe.

Möchte immer bei Dir sein und trotzdem
Abstand wahren.
Deine Freiheit stets im Blick,
ziehe ich mich auch zurück.

Ich will Dich nicht binden, mich nur in
Deiner Sonne wärmen, solange du es
willst, es Dich glücklich macht.

Gluimeer

Ich bin das Feuer, auf tiefen
Meeresgrund, dessen Wärme du
nicht verspürst.

Bin die Luft, in den weiten des Alls, die du
nie einatmen wirst.

Wie bei eine Schuppe auf dem Kopf, wirst
du mein Scheiden nicht bemerken.

Bin nur Nebel, durch den du
einfach schreitest.

Du bist für mich eine Göttin, die meine
Existenz niemals wahrnehmen wird.

Mein Gesicht, deine Augen werden es nie
erblicken.

Deine Lippen, werden nie meinen
Namen formen

In mir ein Feuer lodert
das keine Wärme schenkt,
mich innerlich verbrennt.

Die Liebe, sie hat Dich
für mich erwählt.

Doch keiner hat es Dir erzählt.

Vor Dir

Ich dachte immer, dass ich das
Leben kenne.
Wäre alle Wege gegangen, hätte die Welt
erkundet.
„Ein Kapitän auf hoher See"

So war das, bevor ich Dich traf!
Doch jetzt ist mir klar, dass alles nur ein
Vorspiel war.

Ein Trailer zum Film.
Das Cover vom Buch.
Das Wasser für den Tee.

Das Leben vor Dir
war ein Warten auf Dich!

Bedingungslos

So ist ihr Leben, nur so kann sie sich hin-
geben. Ein Geben ohne zu nehmen.
Ein Sprung ins Dunkle,
denn sie ist das Licht.

Voran, ihr im Gesicht geschrieben steht.
Zurück, nur die Erinnerungen liegen, das
gibt es nicht.

Das Ziel, es wird sich zeigen, denn sie
lässt sich nur von Gefühlen leiten.
Ihr Wille alle Hindernisse bricht.

Sie träumt in jeder Lage, hat die Realität
stets im Blick. Und wenn ein Traum die
Realität liebkost, ein Lachen in Ihren
Augen blitzt.

Gehangen im „Nichts",
den festen Griff gelöst.
Im Fall, die Zähne entblößt.

So fliegt sie dahin, getrieben vom Wind.
Egal wo sie auch landet,
ihr Weg stets weiter geht.

Ihre Gedanken haben Flügel, die sie vom
Körper lösen, in dem das Blut
oft brennt.

Die Welt um sie herum ist viel zu klein für
Ihren Geist, der sie trägt, weit über alle
Barrieren hinaus.

So grenzenlos ihr Geist und bedingungs-
los ihre Hingabe ist, so sicher schlägt ihr
Herz, so fest ist ihr Griff.

Ein Halt für alle, die sie liebt.

Entfernt

Ganz hinten, im Spiegelschrank,
liegt sie, die Zahnbürste für Gäste.

Sie wurde nur einmal benutzt, von Ihr.
Am Morgen hat sie damit den Geschmack
nach mir, meinen Küssen entfernt.

Zum Duschen, um auch meinen Geruch
zu tilgen, nahm Sie sich keine Zeit mehr.
Dazu hatte Sie sich schon zu weit
von mir entfernt.
„Ein Deo reichte!"

Das von meinen Händen zerzauste Haar,
das Muster der Begierde, war schnell
geglättet.

Ohne Abschied, nur kurz die Hand
gehoben, ist sie aus der Wohnung geeilt.

Mit dem Zuschlagen der Haustür hat sie
mich aus Ihren Erinnerungen getilgt.

Doch etwas hat sie vergessen!
Zu sagen die Worte, um auch das letzte
Überbleibsel dieser Nacht zu entfernen.

Worte, die meine Sehnsucht nach ihr
gelöscht hätten.

Zurück

Bin in dunkle Tiefen getrieben.
Voller Angst, so hilflos, so klein.

War verzweifelt, konnte nicht schreien.
Nur stumm den Zustand erdulden, ohne
Schmerzen, einfach leiden.

Doch dann bin ich erwacht in Deinen
Armen. Weinend habe ich mich
fest an Dich gedrückt.

Du hast meine Angst, meine Tränen mit
zarten Liebkosungen Deiner
Lippen verwischt.

So konnte ich langsam diesen Traum ver-
gessen. Mich besinnen und zurück in die
Gegenwart kommen.

Wo ich mich wärmen konnte an dem
Glück, an Deiner Seite zu liegen.
Zugedeckt mit der Liebe von Dir.

Schwester

Sie war schon ein Derwisch als Kind.
Sie war so fix und geschwind.
Sie hat stets Späße gemacht.
Hat über die Eltern nur gelacht.

Schwester, ich konnte Dich verstehen.
Schwester, Dir nicht zur Seite stehen.
Schwester, Dich nicht auf deinem
letzten Weg begleiten. Schwester, nur
noch Deinen Tod beweinen.

Sie konnte nicht widerstehen.
Sie wollte das Leben sehen.
Sie ließ einfach nichts aus.
Kam irgendwann nicht mehr nach Haus.

Schwester, ich konnte Dich verstehen.
Schwester, Dir nicht zur Seite stehen.
Schwester, Dich nicht auf Deinem
letzten Weg begleiten. Schwester, nur
noch Deinen Tod beweinen.

Sie liebte bedingungslos
Sie trieb auf einem Floß.
Sie konnte nicht sein treu.
Hatte niemals einen Tag bereut.

Schwester, ich konnte Dich verstehen.
Schwester, Dir nicht zur Seite stehen.
Schwester, Dich nicht auf Deinem
letzten Weg begleiten. Schwester, nur
noch Deinen Tod beweinen.

Sie hatte zwei kleine Kinder.
Sie erfuhr manch kalten Winter.
Sie lebte eine Bindung nie aus.
Hielt Familie einfach nicht aus.

Schwester, ich konnte Dich verstehen.
Schwester, Dir nicht zur Seite stehen
Schwester, Dich nicht auf Deinem
letzten Weg begleiten. Schwester, nur
noch Deinen Tod beweinen.

Sie driftete irgendwann ab.
Sie sackte tief hinab.

wollte es noch mal schaffen.
Konnte im Elend noch lachen.

Schwester, ich konnte Dich verstehen.
Schwester, Dir nicht zur Seite stehen.
Schwester, Dich nicht auf Deinem
letzten Weg begleiten. Schwester, nur
noch deinen Tod beweinen.

Sie hat die Hoffnung nie aufgegeben.
Sie wollte doch nur leben.
Sie dachte, es wird schon weiter gehen.
Hat die Hand mit dem Messer
übersehen.

Schwester, ich konnte Dich verstehen.
Schwester, Dir nicht zur Seite stehen.
Schwester, dich nicht auf Deinem
letzten Weg begleiten. Schwester, nur
noch Deinen Tod beweinen.

Meeresstrom

Ich bin der warme Meeresstrom, der Dein
Gestade vom Eis befreit.
Den Winter in die Berge zwingt,
und den Boden vom Frost befreit.

Bringe Hoffnung in Dein Land.
Lasse die verlorene Saat
wieder keimen.
Erwecke die Frucht in Deinem Leibe.

Erstarrtes Blut fängt an zu fließen.
Dumpfer Geist wird wieder rege.
Und das Herz erhöht den Schlag.

Die Wärme, sie durchdringt alles und
jenes, hat sich übers Land gelegt.
Das Leben, überall, es ist erwacht.

Das Land,seine Seele wieder lacht.
Der Meeresstrom hat dies durch seine
Liebe für Dich vollbracht.

Frühlingssonne

Oh Frühlingssonne, wie sehr habe ich
Dich genossen! Habe in Deinem Licht
gebadet, Deine Wärme absorbiert.

Bin gewandert mit Dir, Deinem Lauf
folgend, in den Abend hinein.
War glücklich in Deinem Schein!

Doch dann sah ich sie, die
Sommersonne, so gleißend und hell.
Fühlte mich bei Dir plötzlich so blass und
grau. Empfand deine Wärme
nur noch als lau.

Deinen Lauf verlassend bin ich blind der
Sommersonne gefolgt. Habe Dich alleine
am Abend untergehen lassen.

Nun wandere ich durch die Nacht mit
verschmorter Seele. Die Sommersonne
hat mich durch und durch verbrannt.

Nur die Winde der Dunkelheit können
meine Wunden kühlen.
Meine versengten Augen können nur
noch das Mondlicht ertragen.

Und wenn der Morgen naht, bevor die
Sonne aufgeht, ich mich rasch
zurückziehe, schlafen gehe.

Und dann träume ich von ihr, der
Frühlingssonne, wie sie mir das
Gesicht beschien.

Von Ihrem wohltuenden Licht, der milden
Wärme, die mich liebkoste und nicht
verbrannte.

Wie ich den Tag über mit ihr zog um mich
dann, zufrieden am Abend,
mit Ihr niederzulegen.

"Oh Frühlingssonne,
was habe ich nur getan?"

Geträumt

Hatte mal wieder geträumt von Dir!
Jetzt geht es mir beschissen.
Die Erinnerung tut so weh.
Die verlorene Zweisamkeit bringt mich
noch um den Verstand.

Wir gingen Hand in Hand, mit
ausgezogenen Handschuhen, damit wir
uns fühlen konnten, durch den ersten
Schnee des Jahres. Die eisige Luft war
ein Vergnügen und kühlte unsere
erhitzten Körper.

Doch als ich einmal zurück sah erblickte
ich nur meine Spuren im glitzernden
Schnee. Die Kälte ließ mich plötzlich
erbärmlich frieren.

Hatte mal wieder geträumt von Dir!
Es schmerzt so sehr, jedes Mal.

Warum wurdest Du mir genommen?

Es war doch so schön mit Dir!
Lachend standen wir im Bad.

Mit Sonnenmilch malten und schrieben
wir uns die verrücktesten Sachen
gegenseitig auf die nackten Körper.

Kurz innehaltend, wie auf Kommando,
drehten wir uns dem Spiegel zu, um die
Werke unseres Spiels zu betrachten.

Doch ich erblickte nur mich! Sah meine
Tränen, die ich schon lange
nicht mehr spürte.

Hatte mal wieder geträumt von Dir!
Ein weiterer Peitschenhieb den ich
lautlos hin nahm.

Wie soll ich so weiterleben?
Ich weiß es nicht!

Auf Beton

Fühle mich wohl bei Dir.
Würde gerne bleiben, Dich stützen in
stürmischen Zeiten.

In das Erdreich, das Dich umgibt, tief
eindringen und Wurzeln schlagen.
Doch Du lebst auf einem, mit einer
dünnen Schicht Erde verdeckten,
Sockel aus Beton.

Meine Wurzeln finden hier keinen Halt.
Können nicht in die Tiefe dringen.
Nur flach, dicht unter der Oberfläche,
können sie sich ausbreiten, sich dort mit
Deinen verzweigen.

So flach, dass schon ein kleiner Windstoß
genügt um uns ins Wanken zu bringen.
Und der nächste Sturm,
der sicher kommt, unsere Beziehung fällt.
Auf Beton keine Liebe hält!

Augenblick

Wenn ein „Augen-Blick" deine Welt zer-
trümmert, dich ins Wanken bringt.

Du dir auf einmal so fremd erscheinst und
den Tag im Traum verbringst.

Dann kannst du dir sicher sein, dass eine
Liebe in dir brennt,
die kein Alter kennt.

Vergänglichkeit

Ein durch das Objektiv fixierter
Ausschnitt, gespeichert durch einen
"Klick".

Soll bewahren den Moment, fest
einfrieren das Gefühl.
Die Liebe auf ewig bannen.

Ein Bild, 18 x 24, Brillant-Papier,
in Hochglanz gedruckt.

Liegt zerrissen, in kleine Schnipsel,
mit Tränen und Blut befleckt,
auf dem Boden verstreut herum.

Ein Zeugnis der Vergänglichkeit,
Enttäuschung und Wut.

Drei

Er ist drei mal in seinem Leben
gestorben.
Das war zwei mal zu viel!

Als er das erste mal starb,
war er noch ein Kind.
Die Kindheit, sie wurde ihm
mit Gewalt genommen.

Das zweite mal gestorben ist er
mit 25 Jahren.
Der Alkohol hatte ihn mitgenommen,
ihn einfach ertränkt.

Seinen letzten Tod erlitt er
mit 45 Jahren.
Da hatte ihn die Hoffnungslosigkeit
einfach erschlagen.

Dass er dennoch lebt verdankt er
der Liebe.

Sie hat ihn ohne zu fragen angeschaut,
einfach erwählt.
Und er ist auferstanden, sein Geist
ist neu erwacht.

Die Gewalt, die Sucht und die Hoffnungs-
losigkeit im Sinn und das Leben neu vor
sich, so fängt er noch einmal an.

Einmal, nur noch einmal
wird er sterben.

Und das ist gut so!

Gewalt

Sie ist in mir!

Habe sie angekettet, in die Tiefen meines
Seins verbannt.

Bin ihr Wärter, von der Gesellschaft
dazu bestimmt.

Gewalt, diese uralte Kraft, sie hatte
ihren Zweck in einer fast
vergessenen Zeit.

Sie hat das Überleben gesichert, war ein
Bestandteil des Alltags.

Doch ab und zu, sie dermaßen in mir wü-
tet, in den Tiefen meiner Seele tobt.

Stetig ist ihr Versuch, mit ihrem Willen,
meine Wachsamkeit zu dämpfen.
Und ist es ihr gelungen,
mit einem Ruck

sie die Ketten sprengt, mir einfach ent-
weicht und mich mit sich reißt.

Dann, von der Pflicht befreit, der Last ent-
hoben, sie zu bändigen für alle Zeit.

Ja dann, stellt sich ein Gefühl der Erleich-
terung und Freude ein.

Die Freude darüber,
auch wenn es nur von kurzer Dauer ist,
ein Berserker zu sein.

Schwarm

Er schwamm im Schwarm in Sicherheit.
Er tanzte den Takt wie alle
um ihn herum.

Das gleiche Dress, die Einheitsfarben.
Gelenkt und behütet von den Stimmen
ohne Gesicht.

Doch er kam aus dem Takt,
stieß überall an.
Fing an zu fragen, legte ab,
die Alltagsfarben.

Die fröhlichen Gesichter
schauten ihn böse an.
Die Stimmen, sie brüllten ihn an.

Erschreckt darüber,
verließ er den Schwarm,
sah ihm nach, wie er verschwand, sah die
Haie, die ihn umkreisten.

Erkannte erstmals die Stimmen
ohne Gesicht.
Ahnte, welchem Schicksal er entging.

Alltag

Die Liebe, kennt keinen Alltag!

Sie ist eine Kernfusion der Gefühle mit
unabsehbaren Folgen.

Und wenn Alltag das Leben ist,
dann ist die Liebe, des Alltags Tod.

Ehrlichkeit

Ehrlichkeit hat kein Gesicht.
Man erkennt sie deshalb nicht.

Nur die, in einem drin,
kann man sehen.
Sie erklären, sie verstehen.

Wenn man will!

Selbst wenn man laut heraus sie schreit,
allen offen zeigt.
Nicht jeder sie hört, sie sehen will.

Denn sie kann auch verletzend sein,
hart wie Stein.

Zerschmettert manch falschen Schein.
Dich isolieren und Freunde vertreiben.

Auch die Ehrlichkeit zu Dir selbst,
zu akzeptieren, was Du in Dir siehst,
ist nicht einfach, eher schwer.

Wie ein Blick ins gleißende Licht.

Und nur, wenn man ihn lange genug
aushält, ihn nicht abwendet.

Man die eigene Wahrheit erfährt.
Den Selbstbetrug erkennt.

Danke

Danke, dass Du mich gefunden hast.
Hätte nie gedacht, dass jemand wie Du
nach mir sucht.

Danke für die Liebe die Du mir so
selbstlos schenkst. Hatte schon den
Glauben, die Hoffnung,
daran aufgegeben.

Danke für Dein Vertrauen, dass ich Dich
nicht verletze. Denn wer auf mich baut,
braucht Zuversicht,
steht im Licht.

Ein Traum, so oft geträumt, längst
verblasst, hatte seinen Glanz verloren.

Ein Wunsch, so oft herbei gesehnt, war
erloschen, bedeutungslos geworden.
Ein Gefühl, so oft versucht zu definieren,
ist neu geboren, war zuvor nicht
vorhanden.

Mein Leben, hat neu begonnen, an dem Tag als Du mich gefunden hast.

An dem Tag, ist ein neues Universum in mir erwacht, dessen Lichter in meinem Herz sich wieder spiegeln.

Und der größte Stern darin bist Du!
So hell, so strahlend ist Dein Glanz, dass Dein Licht, tief in meine Seele dringt .

Danke, ich liebe Dich!

Duldsam

Duldsam ist die Mutter zum Kind.
Schweigsam der Vater,
den es nicht kennt.

Ein Schatten, er verschwand schon
vor der Geburt.
Gedämpftes Licht zur Niederkunft.

Duldsam ist die Mutter zum Kind.
Denn sie hat schon erfahren
was das Kind noch nicht kennt.

Ich bin

Ich bin, so wie ich bin, so rund mit dünner
Haut, gebeugt im Kreuz,
die Brust weit voraus.

Ich bin, so wie ich bin, so frei,
gefangen im Geist, voller Gefühl,
so leer ist mein Blick.

Ich bin, so wie ich bin, so stark,
wie nie erblüht, so schön verschlossen,
spitz ist mein Dorn.

Ich bin, so wie ich bin,
auf ewig ein Kind und doch so alt.
Ich bin, so wie ich bin!

Keine Worte

Würde Dir gerne von meiner
Liebe erzählen.
Von Orten berichten, die es nicht gibt.
Dir Farben beschreiben die noch
niemand sah.

Doch mir fehlen die Worte um dich das
sehen zu lassen. Keins das ich kenne
würde ausreichen um meine Liebe damit
zu bekleiden.

Wie erkläre ich dir meine Tränen
ohne Grund.
Meine Schmerzen ohne Leid.
Ein Lachen aus dem Nichts.

Wie könnte ich Dir vermitteln, dass die
Realität meine Träume übertrifft, wenn Du
nicht mal meine Träume kennst.
Dir mein Handeln erklären, wenn ich es
selbst nicht verstehe.

Meine Gedanken dir mitteilen wenn ich
sie selbst nicht fassen kann.
Wenn wir uns umarmen, ich in Flammen
gehüllt die gierig nach Dir greifen,
Du sie aber nicht verspürst.

Die Flammen der Liebe,
sie toben in mir.

Doch sie konnten in Dir nichts entfachen.
Nur die Wärme der Freundschaft,
die wohnt in Dir.

Deswegen brauche ich nicht weiter nach
Worten zu suchen, um Dir von meiner
Liebe zu erzählen.

Nicht von den Orten berichten und keine
Farben beschreiben.

Denn Du könntest es nicht verstehen,
sie niemals sehen.

Hinaus

Ein nicht aufgeschriebener Satz ist eine
verlorene Erinnerung.

Ein unausgesprochenes Gefühl ist Nah-
rung für die Kälte, die uns umgibt.

Ein Dasein ohne Liebe ist ein wandeln im
Dunkeln, der lebende Tod.

Rückzug, ein Leben allein, öffnet die
Pforte der Depression.

Willst du sie verschließen musst du Dich
öffnen, nicht nur dich auch
die Wohnungstür.

Denn wer wartet, dass es klingelt, der ist
schon so gut wie vergessen.

Geh hinaus in die Welt, schreie heraus
was Dir gefällt.

Keinen Weg musst du dann alleine
gehen, denn die Menschen,
sie können dich sehen.

Windungen

Jedem Anfang ging ein Ende voraus.
Aber nicht jedes Ende bedeutet
auch einen Anfang.

Es geht nicht immer weiter
nach einem Halt.
Aber welcher Halt ist der letzte?

Jeder Plan ist der Versuch den
Zufall auszugrenzen.
Doch der Zufall kennt keinen Plan, auch
den des Lebens nicht.

Abends vom Morgen zu träumen,
ist Hoffnung
Die Hoffnung, vom Abend, erfüllt sich
aber erst mit dem Erwachen

Immerzu lächeln bedeutet
nie zu lachen.
Einmal lachen und das Lächeln,
der Schein, ist verschwunden.

Einen Punkt zu setzen,
bereitet oft keine Mühe.
Doch mühevoll kann es sein, einen
Schlusspunkt zu machen.

Nie und nimmer

Gehe nicht für Angela durchs Feuer!
Auch für Simone hole ich
keine Sterne vom Himmel.

Ich mache nicht alles für Renate.
Und den Boden küsse ich
auch für Rosemarie nicht.

Von Ingrid werde ich nicht hörig und den
Ring von Gabi,
streife ich mir nicht über.

Nein, für keine von Euch
gebe ich mich auf,
nie und nimmer!

Nur für Carmen,
da gebe ich mein Leben!
Ohne zu überlegen, jederzeit.

Helden

Der Himmel erstrahlt in
schwarzem Blau.
Die Sonne scheint in dreckigem Braun.
Die Farben der Welt,
sie sind verschwunden
Die Tage des Lebens, sie sind gezählt.

Wo sind nur all die Helden aus meinen
Comics geblieben. Sie sind alle
verschwunden, habe keinen gesehen.
Jetzt wäre die Zeit gekommen,
dass sie erscheinen
Um in letzter Sekunde
die Welt zu retten.

Die Bäume erheben sich in
mattem Grau.
Das Wasser schimmert in
giftigem Grün.
Mit dem Rücken im Staub ich liege.
Diese Farben wollte ich niemals sehen.

Wo sind nur all die Helden aus meinen
Comics geblieben. Sie sind alle
verschwunden, habe keinen gesehen.
Jetzt wäre die Zeit gekommen,
dass sie erscheinen.
Um in letzter Sekunde
die Welt zu retten.

Die Luft schmeckt nach öligem Rauch.
Die Laute um mich herum haben ihren
schönen Klang verloren.
Mein Blick wird trübe, die Lieder flattern.
Nur die Erinnerung, gibt mir ein Bild von
den Farben einer Welt, die wie ich,
jetzt zu Staub zerfällt.

Wo sind nur all die Helden aus meinen
Comics geblieben. Sie sind alle
verschwunden, habe keinen gesehen.
Jetzt wäre die Zeit gekommen,
dass sie erscheinen.
Um in letzter Sekunde die Welt zu retten.
Mich schützend in die Arme nehmen!

Mensch

Gute Menschen gibt es nicht!
Es gibt nur den Mensch,
ohne gut oder schlecht, allein.

Somit bedeutet Menschlichkeit, nicht
mehr als Mensch zu sein.
Sich zu verhalten,
entsprechend der Art.

Ob es nun gefällt oder nicht, sie ist nicht
erhaben sie ist nicht rein.
Bedeutet nur überleben, bei Nacht
und bei Sonnenschein.

Schlechte Menschen gibt es nicht!
Es gibt nur den Mensch,
ohne schlecht oder gut, allein.

Nach innen

Die Tränen die nach innen fließen
kann keiner sehen.
Sie dringen bis tief in die Seele vor.

Bilden dort einen See
aus Schmerz und Leid.
Auf dessen Grund, die Lebensfreude
gegen die erdrückende
Masse ankämpft.

Doch sie kann sich alleine nicht befreien,
noch nicht mal schreien.

Lass ab den See aus Schmerz und Leid.
Zerbreche die Maske der Stärke
die dich umgibt.

Lass die Lebensfreude frei!

Frohe Falschheiten

Am 24.12. ist es mal wieder so weit.
Vorbei ist die Qual und Hetze in rosa
Lichtern das letzte Geld umzusetzen.

Noch schnell dieser Zeit angepasst
der dritten Welt eine Spende verpasst.

Mit dem Namen in der Zeitung stehen,
damit jeder kann deine Güte sehen

Nichts darf einem bedrücken
beim Bäumchen schmücken.

Verschlossen bleibt die Tür von innen.
Elend und Not können hier
nicht eindringen.

Die Kinder mimen Lampenfieber, beim
Vortragen der alten Lieder.
Denn sonst rückt die Oma nicht heraus
den Zaster.
Für Geld spielt man gern den Kasper.

Es wird serviert die Weihnachtsgans, in
ihrem falschen Glanz.

Die Stimmung ist total beschwingt.
Bis zum 26.
„Ganz bestimmt"

Freiheit

Du kannst sie in unserer Gesellschaft
nicht erleben, nur darüber reden.
Sie nicht erkaufen, nicht besitzen.

Um frei zu sein musst du auf alles
verzichten, leben wie ein Tier.

Abringen der Natur, dein Leben,
Tag für Tag.
Ohne Netz und Sicherung,
wagen den Sprung.

Den Tod als Deinen Schatten
akzeptieren, Schmerzen erdulden,
den Hunger ignorieren.
Im „Jetzt" alles nehmen, heute leben,
denn es könnte kein morgen geben.

In Stunden der Ruhe Kraft tanken und mit
dem Gefühl, einfach zu sein,
den Körper wärmen.

Um bereit zu sein jederzeit
zum kämpfen um Dein Leben.
Nur dann kannst Du es spüren, es
erahnen, das Gefühl frei zu sein.

"Doch willst Du sie dann noch,
die Freiheit?"

Für eine kurze Zeit

Das Glucksen des Baches hat in mir
eine Melodie erweckt.

Meine Haut ist erregt.
Gänsehaut, erzeugt vom darüber
streichenden Wind.

Eine wohltuende Ruhe mich erfüllt,
ausgelöst durch den Rhythmus,
das Wiegen der Bäume.

Die kühle Nässe des Grundes, auf dem
ich sitze, verleiht mir Gewicht.

Tote Gefühle, zum Leben erweckt!

Eins sein mit der Natur, auch nur für eine
kurze Zeit,
mir die Kraft des Lebens zeigt.

Endlich

Losgelöst vom Zweig, im Fall
vom Wind erfasst.
Durchtrennte Nabelschnur,
ins Leben entlassen.

Endlich, ist der Flug im Winde.
Endlich, ist die Zeit eines Lebens.

Ein Flug, mal hoch mal tief,
immer dem Absturz nah.

Ein Leben, mal traurig mal schön,
immer dem Tode nah.

Nie wissend wann der Flug endet,
noch ein Looping gedreht.

Nie wissend wann das Leben endet,
noch einmal geliebt.

Immer hoffend auf eine neue Böe
die den Flug verlängert.

Immer hoffend auf einen neuen Tag,
der dich weiter leben lässt.

Endlich ist die einzige konstante
im Flug des Blattes.

Endlich ist die einzige Wahrheit
im Kreislauf des Lebens.

Erhoben

Ein kleiner Fehler vor langer Zeit.
Ein genetischer Defekt hat ihn erweckt.
Ein Tier ist mutiert zum Mensch.

Wir haben uns erhoben, über die Natur
das Haupt gereckt.

Mit Wissen und Verstand unsere Herkunft
begraben.

Die Evolution ist gestört.
Neues Leben, die Vielfalt behindert.
Die Erde befallen vom Menschen.
Ein Virus, der kein Einhalt kennt.

Doch zurückschlagen wird die Natur.
Sie hat Zeit, kann abwarten,
reagiert in Äonen.

Und irgendwann ist der „Kleine Fehler"
behoben

Geboren

Gezeugt in einem uralten Akt. Durch die
Hitze der Sonne und die
Gewalten der Meere.

Hoch in die Lüfte geschleudert, dort von
einer Wolke aufgenommen und vom Wind
übers Meer getrieben.

In ihr ausgetragen während des Fluges
über das Land. Ein am Himmel sich
aufragender, schwarz geschwängerter,
Vorbote einer Niederkunft.

Geboren unter Blitz und Donner, den
Schoß der Wolke verlassen.

In einem wilden, von Winden gelenkten
Flug auf die Erde aufgeschlagen.

Um dort, sehnlichst erwartet, vom Leben
aufgesogen zu werden.

Nicht wissend um das eigene Sein,
oder was aus ihm wird,
einen Kreislauf geschlossen.

Gewissen

Es ist da oder nicht.
Schweigt oder meldet sich zu Wort.

Dröhnt im Kopf oder summt eine
leise Melodie.
Ist nicht schlecht oder gut.

Lässt Dich schlafen oder wandeln.
Schenkt Dir Ruhe oder Qualen.

Ein Gewissen?
Hat man oder nicht.

Licht

Licht, in all seinen Facetten,
ist die Quelle aus der wir schöpfen.

Schließt man es aus,
tritt aus seinem Schein,

versinkt die Seele in Dunkelheit

Traum

Wenn ein Traum die Wärme sucht,
dann steigt er auf zum Sonnenflug.

Hoch über den Wolken,
der Sonne entgegen,
fliegt er dahin, in ihrem Schein.

Und mit ein wenig Glück,
bringt er Wärme und Licht
in Dein Leben zurück.

FRÜCHTE

Sie sind vielfältig in Form und Farben.

Winzig und groß, hart und weich.

Giftig und süß, versteckt
und offensichtlich.

Doch eins ist bei allen gleich!

Sie in sich einen Samen tragen,
der wartet und harrt bis der
Zeitpunkt gekommen ist,
um ein neues Leben, aus sich heraus,
wachsen zu lassen.

Nur im Traum

Ein Regentropfen der niemals fließt,
von der Erde aufgesaugt.

Eine Knospe die nie erblüht,
vom Wind geknickt.

Ein Samen der nicht keimt,
von innen verfault.

Ein Vogel der nicht fliegt,
früh die Flügel gestutzt.

Ein Mensch ohne Freiheit,
von der Gesellschaft gefangen.

Vom Wohlstand benebelt,
den Mut verloren.

Nur im Traum die Freiheit noch lebt.
Nur im Traum!

WELTEN

Die Nähe ist distanziert.
Die Vertrautheit wirkt fremd.
Blindes Verstehen
weicht einer Unsicherheit.

Die knapp bemessene Zweisamkeit
wird verringert durch die
Gedanken der Einsamkeit.

Das sind mal wieder die Auswirkungen
der zwei Welten in denen sie leben.

Und die verbindende Brücke ist
schmal und schwankend.
Oft nur von einem begangen,
allein in ihrer Mitte stehend.

Wartet er und hofft, dass sie hält und ihrer
beider Last dann weiter trägt.

Vertrauen

Vertrauen fällt schwer,
denn dafür kennt man sich zu sehr.

Fehler die man bei sich selbst akzeptiert,
müsste man beim anderen tolerieren.
Vertrauen fällt schwer!

Tropfen

Tränen die von den Wangen tropfen sind
wie Regentropfen im Gras.

Nach nur einem Sonnentag sind sie nicht
mehr zu sehen.

Gezeichnet

Gezeichnet hat uns das Leben.
Seine Spuren tief in unsere
Haut gebrannt.

Unverwechselbar, einzigartig ist
diese Zeichnung.

Netz

Im Netz der Lügen
hängt man einsam.

Denn wer will schon
mitgefangen sein.